MW00958857

SANANDO HERIDAS

Mientras Despido tus Recuerdos

SANANDO HERIDAS

Mientras Despido tus Recuerdos

Jairo Guerrero

No perdí al dejarte ir,
yo gané...

al salvarme a mí.

Prólogo

"Marchitarse para crecer"

Hay amores que llegan a nuestra vida para enseñarnos a amar desde lo más profundo del corazón, amores que son como las estaciones; temporadas que de alguna u otra manera dejan huella, así como los dientes de león. Amores eternos, pero inconclusos. ¡Vaya ironía! ¿No?, ¿cómo es posible que el infinito sí tenga fin?, ¿no me crees?... Con ella fue así.

Un día conocí un amor grande, uno de esos que reconstruyen limpiando todo el caos que el pasado ha dejado en el interior. Un amor de aquellos que en medio del mar saben ser salvavidas, el faro brillante de tanta oscuridad y el bastón cuando no se puede avanzar. Un amor profundo con aroma a eternidad, uno de esos que se viven sin miedo a la caída tan solo porque parecen reales y el tiempo su mejor aliado. No obstante, olvidaba que aún las columnas pueden caer y que la infinitud no siempre son épocas de felicidad, que a veces, en realidad, pueden llegar a ser el peso de los recuerdos descargados en gotas saladas cuando la despedida llega en el frío de una caricia. Cegada en la magia de aquella llama había pasado por alto que en el amor también existen heridas y que lo que hoy se ama, mañana puede doler en el alma y es que... A ella la amé. Fui atrapado por el dulce aroma a eternidad sin saber que eso también podía arder.

Era tanto el amor que sentía dentro de mí que llegué a prometerme estar con ella siempre, pero el tiempo pasó y las máscaras fueron cayendo. Aun así, mis memorias pedían que me quedara, que no le hiciera grietas a mi interior con un adiós. Intentaba convencerme de que aquel amor era real.

Sin embargo, al verme tan roto entre sus brazos después de tantos intentos por recuperar lo nuestro, tuve que tomar mis maletas y con un nudo en la garganta tragarme las palabras para no terminar de fragmentar mi corazón con el ingenuo sentimiento de querer volver atrás...

A ella la amé. Quizá no fue el amor de mi vida, pero sí el que me marcó; sus recuerdos se quedaron tatuados en mi pecho, su aroma en mi piel y sus huellas en mis caminos. A ella la amé. Le lloré un océano entero y muchas estrellas. Y, a pesar del mar que brotaba de mis ojos tuve que aprender a continuar, a estar sin su física presencia. Poco a poco, mientras me desprendía de nuestras memorias, fui aprendiendo que merecía algo mejor, que las contusiones y los lugares algún día dejaban de doler, incluso cuando había cenizas como testigos de lo que alguna vez ardió.

A ella la amé, le entregué mi corazón. Un día se lo llevó y en pedazos lo devolvió, pero nunca me arrepentí; pues al final le había dado todo lo que a ella le faltaba y el tiempo supo recompensar todo aquel amor que en su momento no recibí. Al final, yo gané y comprendí que a veces es necesario marchitarse para crecer.

Sanando Heridas: Mientras Despido tus Recuerdos es la evidencia de que el infinito también tiene final. Esta obra de mi querido Jairo Guerrero no solo representa el amor y la tristeza de una despedida, sino que también la revolución y el proceso que se debe atravesar para crecer incluso cuando todo se marchitó.

Es la prueba de que a veces es necesario sumergirse en un mar de lágrimas para lavar las heridas y de esta manera sanar todo aquello que alguna vez dolió.

Darling Salas / @escritossalas
Pérez Zeledón, San José, Costa Rica.
22 de marzo de 2022.

A un paso de lograrlo

Fue volver a verte
después de meses sin saber de ti.

No sé qué sucedió,
fue el calendario quien me ayudó,
pero ya no sentía
las mismas emociones de antes.

Y es que dicen
que todo es parte de un ciclo
y este era el primer paso.

No te olvidaba todavía,
sabía quién eras
y lo que habías traído,
lo que te llevaste
y lo que desgraciadamente dejaste,
pero ya te estaba superando,
me encontraba *a un paso de lograrlo*...

y esa fue la mejor sensación.

Prioridades

Lo siento,
me he ido de tu vida.

Desaparecí
y sin hacer ruido.

Es que ahora va por mí,
porque estoy cansado
que lo único que busco
es encontrarme...

Y eso es **más** importante
que seguir esperando por ti.

Volverás a extrañarme

Volverás a extrañarme, cuando ya no encuentres a nadie que te quiera con tanta intensidad con la que alguna vez yo lo hice. Cuando nadie pueda entregar toda su vida y su alma para ti y por ti. Cuando no te abracen bajo la lluvia o bailen a tu lado durante las tardes de primavera. Cuando nadie te acompañe al parque, a contarte esas historias que te hacían morir de risa. Cuando no encuentres el mismo sabor en otros besos, la misma pasión en otro cuerpo, el sentimiento que te provocaban mis abrazos, el sonido que hacía el corazón al palpitar, las palabras sinceras y el cariño brindado.

Es que ningún rostro es igual y estoy seguro que no llegará nadie más que te quiera con esta intensidad, que te espere tanto y que siempre busque la manera de hacerte feliz.

Aunque cuando te des cuenta de eso, cuando los demás te fallen, ya no estaré ahí para consolarte...

Entonces te aseguro, me vas a extrañar.

Almas que curan

Solo se trata de dejar ir,
de aceptar y rendirse.

Y cuando eso se aprende,
también se comprende
que siempre aparece alguien mejor,
cuando menos lo esperas
y cuando pensabas
ya no creer en el amor.

Inesperadamente llega
esa alma que te cura,
que te salva,
que te devuelve a la vida
y te enseña a perdonar.

Salvavidas

Siempre voy a agradecerte que hayas llegado a mí, porque me hiciste sentir cosas que pensaba no volver a vivir, porque llegaste y despertaste a las mariposas que pensaba habían muerto. Llegaste para enseñarme que todo tiene un principio y también un final, que si antes no se logró es porque la vida y el destino tienen siempre preparado algo mejor. Que tarde o temprano llega alguien que cura hasta las heridas que pensaba nunca iban a sanar.

"Y es tan increíble el saber que lo has logrado, que te curaste con la ayuda de un ser que vino, pero no se quedó, es ahí cuando entiendes que no es fácil volver a decir adiós".

Después, no tuve otro remedio que aceptar el rotundo alejamiento. Pero me quedé con la tranquilidad y el agradecimiento de que sí, te fuiste, sin embargo, también me ayudaste a olvidar, a sanar y a encontrar un camino en donde creía que ya no había salida.

A pesar de que ya no estés aquí, fuiste el *salvavidas* que me hizo resurgir.

Lecciones

No sé si fue pecado tuyo o mío...

Solo sé que yo sí di lo más que tenía,
no mentía cuando decía que te quería,
que estaba dando lo mejor de mí
para que las cosas salieran bien.

Fui sincero,
cariñoso,
detallista y atento.

Y no me lamento de nada.

Recibiste una buena versión
y yo me llevo tus recuerdos
como una **gran lección**.

Lugares

Vas a mejorar. Porque sin importar cuánto daño te hicieron antes, las decepciones también forjan, ayudan, aprendes a no volver a cometer los mismos errores, a decir siempre la verdad de las cosas, a no ocultar para no lastimar, a buscar cuando es necesario y dejar de insistir cuando ya no hay más por hacer. A cuando es el punto exacto para escapar, agradecer y decir "me voy". Y cuando es el momento para ir más allá y entregar el corazón. Es que no vas a cambiar toda tu vida, pero sí vas a mejorar tu forma de pensar, de sentir, de querer y de seguir. Porque también se aprende de esos *lugares* que alguna vez dolieron.

Me fui para salvarme

Te puedo asegurar
que jamás dejé de quererte,
pero si me alejé
fue porque ya no quería seguir así,
con la misma rutina,
con los mismos problemas
y las mismas discusiones...

si **me fui**
fue **para salvarme**
de donde ya no pertenecía.

Lección de vida

No perdiste respiros en ese sitio que te decepcionó y no funcionó. Porque cosechaste nuevos aprendizajes, por más mal que la pasaste, del llanto que derramaste, de los engaños que soportaste. Maduraste y seguiste adelante después del golpe. Porque ya no fue lo que tú esperabas, no era el amor de tu vida y tuviste que salir con el corazón en pedazos para captarlo, pero te forjaste, suspiraste, lograste darte cuenta en qué momento se debe escapar, también el instante cuando debes mostrar afecto y cuando es mejor ignorar y seguir adelante. No fue una pérdida de energías, fue una *lección de vida* para saber a dónde no volver nunca más.

La tarde en que te fuiste

Uno de los capítulos más tristes de mi vida, fue **la tarde en que te fuiste...**

¿Cómo se supone que iba a despedirme de quien más quería?

No, no fue mi orgullo lo que te hizo decir: "me marcho de aquí", fue tu desprecio lo que te hizo huir.

No te costaba nada decir que te habías cansado de mí y yo sin dudarlo me iba a desprender de ti.

No debiste irte así de rápido, me debiste ahorrar el sufrimiento y no convertirme en alguien que ya no le importa volver a sentir.

Esa tarde, esa maldita tarde en la que te fuiste...

Me convirtió en alguien diferente.

¿Perdí o gané al dejarte ir?

Creo que los dos.

Perdí una gran parte de mí
al intentar amarte y fracasar.

Pero gané una lección que jamás voy a olvidar
y una herida que nadie más volverá a tocar.

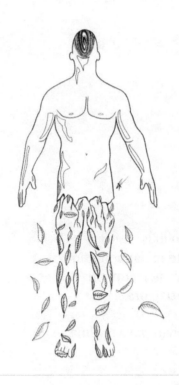

XXI. Y si me preguntan,
sí,
dolió y bastante,
pero aprendí lo suficiente
para no volver a cometer
el mismo error.

XXII. Han sido días difíciles
llenos de melancolía sin ti,
pero también comienzo
a ***encontrarme***...
y eso,
es un alivio para el alma.

Soltar el pasado

Sin quererlo, a veces me da por recordarte, pero sé que está mal, porque por más que fui feliz, el hubiera ya no existe. Ya no estás, ya no puedo ni puedes volver. Porque **soltar el pasado** será lo mejor, porque vivir así, con tus memorias, es la peor forma de dejar pasar la vida. Porque siempre llega alguien mejor, que te demuestra que la espera y los disparos valieron la pena. Porque una vez que maduras por las malas experiencias y las lágrimas derramadas, vas a buscar decir siempre la verdad, un cariño sincero, un amor dispuesto a ofrecer lo mismo que tú. Nunca menos. Es que, ya no se puede regresar y cambiar lo que ya pasó, pero al menos dejando ir y soltando, podrás recomponer el presente.

Que seas muy feliz

Deseo que te vaya muy bien,
yo no voy a detenerte
ni mucho menos a rogar que te quedes.

Puedes irte.

Si yo no logré hacerte sonreír
deseo que alguien más sí,
porque te quiero
y porque de eso se trata.

Yo siempre quiero verte bien...

Que seas muy feliz.

No te odio

No te odio, porque a pesar del daño, de las mentiras, de las veces en que todo parecía verdad y solo era un cuento más, yo también aprendí. Me ayudaste a madurar, asimilar que no siempre me van a querer como yo lo haré. Que no van a sostener mi mano cuando lo desee, que no van a abrazarme cuando el alma se me esté cayendo a pedazos. Que no siempre tendré los besos que calman el alma o las palabras de aliento para seguir adelante. Porque toda esa crisis que tuve para deducir que no eras tú, que siempre fui yo, también me ayudó a crecer. Y vaya que está bien, te solté, pero jamás olvidé que te quise, que no fue un error, fuiste de gran ayuda para saber cómo volver a estar de pie.

Vive

No hace falta pensar en aquello que lastima,
porque te lastimas más tratando
de encontrar respuestas a lo que todavía
no tiene explicación.

Ten calma,
cada estación se encargará
de decirte porqué
y para qué sucedieron las cosas.

Así que anda,
vive,
que por ahora
lo único que puedes hacer
es asumirlo y saber permanecer.

Volverás

Siente orgullo porque lo estás logrando, porque después de esa decepción que te destrozó y te hizo caer, ahora estás regresando. Sé que no ha sido nada fácil, incluso así lo estás logrando, costó demasiado, tantas noches de cuestionamiento y charlas interminables con la almohada tratando de deducir cuál fue el error. Pero lo estás superando, sin prisas, disfrutas del olvido, lloras por ratos, vuelves a sonreír. Y no está de más sentir orgullo, porque después de pensar que ya no volverías, te estás levantando de entre las cenizas y entonces resurgirás. Vas a volver a vivir. A seguir y sonreír.

Volverás a ser tú.

Como antes y como siempre debe ser.

Sin falsedades

No te tortures por los errores
que cometiste en el ayer.

Tampoco te rompas la cabeza
tratando de averiguar porqué
no llegaste antes a la vida de alguien.

Dicen que la persona correcta
siempre se coloca
en la oportunidad exacta
para comenzar a amar
y si en verdad viene a quererte
lo hará así,
sin miedos,
sin tantas interrogantes,
sin falsedades...

Te va a querer con todo
y lo que se arrastra en el pasado.

Si duele, ahí no

Te quiero, pero quererte no es suficiente cuando hay más problemas que buenos ratos. Porque ya es necesario dejarte ir, va a doler, eso lo tengo seguro, pero solo yo sabré cómo manejarlo, debo darme cuenta que mi paz mental siempre es mejor. Porque *si duele*, entonces *no eres ni serás* el amor de mi vida. Solo eso queda por aceptar, por resignarme, decir hasta pronto y marchar. Por mí, porque en un futuro vendrá alguien mejor, que me va a demostrar que lo correcto, fue dejar de aferrarse a quien nunca quiso quedarse.

No me arrepiento

No, **no me arrepiento**
de haberte querido.

No me arrepiento de todas las veces
en que te pedí que te quedaras,
porque aprendí a no volver a insistir
en donde no me quieren.

Tampoco me arrepiento
de los mensajes
donde te expresaba mi cariño,
de las noches en vela
cuando me necesitabas.

No me arrepiento de quererte con el alma,
de los besos y caricias que te ofrecí,
de las palabras,
los detalles
y la confianza que siempre tuviste.

No me arrepiento de haberte querido tanto,
porque lo que por ti sentía
no lo encontrarás tan fácilmente,
no aquí, ni en otras vidas.

Madurez y sabiduría

Ya llegará ese día en que por fin lo vas a percibir y podrás sanar. Vas a perdonar a quienes te lastimaron y te vas a dar cuenta que fue un error tratar de recuperar lo que ya habías perdido. Por aferrarte a lo que ya no tenía solución. Y estarás en paz, sabrás perdonarte también, comprender que nadie merece tu estabilidad emocional, que tu felicidad no depende de nada ni de nadie, solo de ti. Vas a estar mejor contigo mismo, darte una nueva oportunidad, volverte a arriesgar. Sabrás confesar lo que sientes y también decir adiós, pero ya con toda la **madurez y la sabiduría** que conseguiste de tu antigua decepción.

No pasa nada

Saldré adelante,
lo prometo.

No voy a caer solo porque me fallaron,
sí, duele y dolerá mucho más...

Pero no le temo a la vida sin tu presencia,
no me asusta ya no tenerte.

Solo me decepciona
porque pensé que contigo
sería diferente y terminó peor.

Pero ya está,
no pasa nada.

Esta noche toca llorar un poco
y para mañana,
despediré a cada uno de tus recuerdos.

Estaré bien, no moriré,
solo aprenderé a estar así,
a vivir sin necesidad de ti.

Cuando mis amigos volvieron a preguntar por ti,
los ojos se me tornaron cristalinos
y con una tristeza agité la cabeza de un lado a otro.

"Ya volverá".

Dijeron.

"No, el problema no es que vuelva, el problema es que,
si lo hace ya nada será como antes. Lo nuestro terminó
desde que dio media vuelta... y decidió partir".

Respondí.

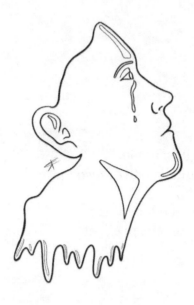

XXIII. No fue la distancia,
fue tu ***actitud*** la que me hizo
entender que no tenía caso
seguir luchando por ti.

XXIV. Ojalá llegue a tu vida
esa persona que te ***quiera*** tanto,
pero tanto,
que no te queden dudas,
ni mucho menos preguntas.

Con menos tristezas y más ganas

Quiero que hoy te sientas
más segura o seguro de ti mismo,
que te mires al espejo
y veas que tienes enfrente
a alguien fuerte,
valiente y capaz.

Que salgas de esa depresión
que no te deja continuar.

Porque si te esforzaste
entonces nada perdiste,
a ti te han perdido.

Que puedas sonreír,
que te arriesgues
a cambiar tu vida, así...

**Con menos tristezas y
con todas las ganas**
de comerte al mundo entero.

Nadie llega tarde para el amor de su vida

Así pasen por ciertos impedimentos,
que se crucen barreras,
fronteras,
personas
y un sinfín de problemas...

Cuando se trata del amor correcto
la vida también te lo dará a juzgar.

Porque **nunca llegarás tarde para un amor
que está destinado a ser realmente el tuyo**.

Porque vas a sentirlo,
porque vas a luchar por estar a su lado
y juntos hacerlo realidad.

Dar las gracias y partir

Lo mejor y casi siempre es dejar ir cuando ya no existe más por hacer, *dar las gracias y partir*. Con el tiempo aprender a perdonar, a no guardar rencor. Porque si sufriste fue porque tú así lo quisiste, al seguir insistiendo una y otra vez. Y es que sí, puede ser que se torne difícil, que duela, que extrañes los capítulos cuando fuiste feliz, pero es mejor guardarlos y recordarlos con cariño, como una buena etapa que ya pasó, a seguirse lastimando. Dolerá, sin embargo, la paz llegará, vas a respirar y a encontrarle más sentido a tu existir.

Los dos nos equivocamos

Y aunque ya no logramos
cumplir todas esas promesas
que nos hicimos,
te guardo un gran cariño.

Porque después de intentarlo una y otra vez
las cosas seguían saliendo mal
y no teníamos rastros de un futuro.

Quiero pensar que aún no era nuestro momento
o simplemente **los dos nos equivocamos**.

Pero nunca olvidaré
lo que alguna vez construimos,
lo que intentamos
y jamás logramos.

Lo vas a conseguir

Las caídas y recaídas también son parte del proceso, no pienses que no vas a salir, porque lo estás haciendo bien. Mira que tratar de olvidar a quien más llegaste a querer es de valientes. Y es muy normal que de vez en cuando le recuerdes, te llenes de nostalgia y vuelvas a llorar, te gane la ansiedad y mandes ese mensaje que juraste no volver a escribir. Pero ya está, es parte de sanar, caer y volverse a levantar. *Lo vas a conseguir*, aunque parezca imposible, mucho estás haciendo al tratar de olvidar lo que te hizo daño y luchando contra el corazón para no volver a buscar a quien te dejó sin latidos.

Mil aventuras

No tengas miedo de volver a iniciar,
a lo mejor y ya tuviste
una mala experiencia,
un mal de amores
que te dejó en pedazos,
sin ganas de volverte a enamorar.

Pero no hace falta que sigas
en donde ya no eres feliz...

Busca una mejor vida,
porque te esperan **mil aventuras**
que te pueden gustar más.

Alguien mejor

Vas a conocer a alguien
que va a revivir esas ganas
de volverte a enamorar
cuando pensabas que ya no pasaría.

Después de vivir aferrándose a otra,
cuando decías que nada ni nadie
podría igualar ese amor que sentías,
que te mantuvo presa o preso
durante años.

Ya verás que en pocos meses
vas a sentir incluso más
de lo que sentiste antes.

Es que siempre llega *alguien mejor*,
alguien verdadero.

Lecciones necesarias

Después del esfuerzo y la dedicación
que hice por intentar que te quedaras,
al final me di cuenta que no eras
ni fuiste lo que esperaba.

No sé si debo culpar a la suerte
o a nuestras propias decisiones,
lo único que puedo decirte
es que realmente fuiste
esa **lección que necesitaba**.

Gracias por lo que me enseñaste,
ahora puedo decirte que estaré preparado
para no volver a cometer los mismos errores.

No me condeno

No, no me retracto por haber querido a quien no era para mí, tampoco de haberme arriesgado a intentarlo una vez más, porque me ayudó a ser mejor, a captar lo que verdaderamente significa querer. Porque pasé por un par de desilusiones que me hicieron crecer, saber a dónde no volver, las cosas de las que no debo preocuparme, porque quien te quiere sabrá hacerlo y lo más importante, te va a respetar. Sin importarle el ayer, ni las lesiones que no has logrado cicatrizar. *No me condeno*, porque cada caída me forjó para ser quien soy ahora.

Un futuro que no llegará

No entiendo,
¿Por qué todavía sigues presente en mis planes?
Hago las cosas como si vas a regresar.

Y sé que está mal,
pero no puedo dejarte a un lado.

Ya no te he llorado,
ya no te he buscado,
ya no te he soñado.

Solo está la maldita costumbre
de esperarte.

De guardar una esperanza más,
de volver a recordarte y defenderte
cada que alguien habla mal de ti.

Creo que espero
un futuro que jamás llegará.

O espero un regreso...

Que ya no voy a aceptar.

Fuiste esa experiencia dolorosa,
pero inevitable...

Aquella rosa con espinas que sabía
me lastimaría
y, aun así,
arranqué.

XXV. Voy a olvidarte,
no sé cuándo,
cómo
o dónde,
pero tengo la *esperanza*
de lograrlo.

XXVI. No fue tan malo perderte,
porque logré encontrarme...

Ahí lo *entendí* todo.

Me cansé de esperar

Te esperé. Créeme que hablo muy en serio cuando digo que te esperé más de la cuenta. Cada noche esperaba tu llamada y por las mañanas que tocaras a la puerta. Ahí estaba en cada tarde, en el mismo banco donde solíamos comer helado mientras platicábamos de nuestras aventuras. De vez en cuando asistía a la cafetería donde siempre se escuchaba nuestra canción favorita. No había ni un minuto en que no volteara a observar el teléfono para ver si por fortuna me caía un mensaje tuyo. Recorría la ciudad para tener la casualidad de encontrarte por las calles y hasta miraba nuestras fotos para recordar cuando éramos felices y no lo sabía, me daba por volver a vivir en mi mente aquellos instantes. Pero no, nunca volviste. Y me cansé, *me cansé de esperarte*. La vida me demostró que podía seguir adelante, cuando menos lo esperaba ya estaba por borrarte.

El tiempo me enseñó a estar sin ti.

Alejarme fue lo mejor

Si aún no entiendes porqué me alejé de ti,
está de más decir
que fue porque las cosas ya habían cambiado,
ya eran más problemas que alegrías.

Y es que te quiero todavía,
pero no podía lidiar con esto,
donde ya no era feliz.

Ahora puedo decirte
que me duele tenerte lejos,
pero intentar quererme
también me está salvando.

Con cada fecha que pasa,
con cada puesta de sol
y cada luna llena.

Alejarme fue lo mejor,
porque ahora sé que puedo estar bien
y sin alguna necesidad de tenerte aquí.

Aunque ya no sea conmigo

Yo siempre voy a desearte lo mejor, sé que las cosas no salieron como esperábamos, los dos nos equivocamos, nos hicimos daño y hablamos de más. Pero ya no importa la manera en cómo terminamos, en cómo dejamos de luchar por lo nuestro, solo quería decirte que yo no voy a guardarte rencores, porque alguna vez me hiciste feliz, por eso te deseo lo mejor. Puedes irte en calma, yo espero que logres cumplir cada uno de tus propósitos que me contabas, que tengas éxito y buena suerte en la vida, en lo que te propongas y que esa sonrisa tan mágica nunca vayas a perderla. Te quiero ver sonreír, feliz, logrando, alcanzando y tocando el cielo, paseando por el parque y viajando por cada país...

Aunque ya no sea conmigo.

Una nueva oportunidad

Hay ocasiones en que toca perder,
dejar atrás lo que se quiere
y no queda otra opción que renunciar,
que tratar de olvidar.

Las ilusiones van a caer,
vas a preguntarte qué hiciste mal,
sin embargo,
lo vas a inferir.

Y te darás cuenta
que no fue tan malo,
porque será para ti...

Una nueva oportunidad.

Lo intentamos

Hicimos hasta lo imposible,
nos queríamos,
nos encantaba estar juntos.

Parecía un amor interminable,
pero siempre existía alguna barrera
que nos impedía ser felices,
la distancia,
el tiempo,
el espacio,
las personas,
las palabras,
la confianza
o la sinceridad que fue desapareciendo.

Lo intentamos,
pero no fuimos nada.

Entonces interpretamos
que simplemente no era
nuestra hora todavía
y que la vida iba a decidir
si nuestro futuro era estar juntos,
en el reencuentro para continuar
con lo que dejamos o dejarnos así,
con el único recuerdo de tu rostro
y la última vez
que estuviste entre mis brazos.

La mejor muestra de amor

Te quería,
en verdad te quería,
pero ya no podía hacer mucho.

Me costó tomar una decisión y
cuando lo hice
lo sentí hasta en lo más
profundo de mi alma.

Alejarme,
fue sin duda **la mejor muestra de amor...**

Hacia mí.

No dejes de pensarme

En donde quiera que estés
y con quien estés:

No dejes de pensarme,
de soñarme o de incluso
imaginarme.

Porque bien sabes que tenemos
algo que se quedó estancado,
algo que nos marcó a los dos
y quedamos con deseos de vivirlo.

Por lo mientras puedes hacer tu vida,
cuídate, sé feliz
y abrázame cuando me veas
en tus pensamientos.

Porque yo no he dejado de quererte
y porque sabes
que volveremos a vernos,
volveremos a coincidir...

Aquí,
en un futuro
o en otra existencia.

El amor que me marcó

Llegué a interpretar
que tú no eras
ni serás el amor de mi vida.

Pero sí fuiste **el amor**
que más me ha marcado.

El que más me dolió y
del que hasta ahora más he sentido.

Donde había ofrecido
incluso lo que no tenía.

Fuiste ese amor que nunca olvidaré,
el que más quise
y el que siempre llevaré presente
por lo bueno y malo que me enseñaste.

El tesoro más valioso

Mereces a una persona
que te vea como algo especial,
como **el tesoro más valioso**
que ha descubierto.

Que busque vivir a tu lado
hasta llegar a viejitos,
que vea esos miedos
que escondes detrás de tus ojitos,
que pueda calmar a los demonios
que te persiguen en cada noche,
que pueda regalarte paz,
calma,
seguridad,
estabilidad
y mil metas que juntos puedan cumplir,
hacer de tus fantasías una realidad.

Que incluso conociendo
cada uno de tus defectos...

Quiera permanecer,
que no se vaya
y que te siga queriendo
más que el primer día.

Corazón y mente

Lo que sentía por ti está perdiendo fuerzas, porque después de los problemas, de los disgustos, del tiempo transcurrido...

Ya nada es igual.
Nuestras pupilas ya no se miran,
los labios ya no se llaman,
cambiaste de corte,
tu fragancia no es la misma,
tu voz es diferente
y desconozco cada palabra.

Lo que sentía por ti se está perdiendo, cuando ayer te lloraba porque creía que te quería como antes.

Sin darme cuenta, con cada hora que no estuviste, *el corazón* sin avisarme te fue sacando de mi presente y comenzó a creer en *la mente*, cuando decía que tú no eras y nunca lo serías.

Tal vez ya es hora de aceptar
que nunca olvidarás a esa persona,
solo aprenderás a vivir sin ella,
soportando los recuerdos...

mientras sigues con tu vida.

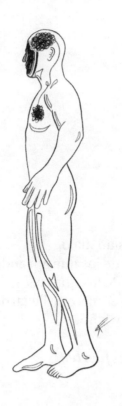

XXVII. Que se vaya quien quiera
y que se quede quien desee,
porque ya no estamos para un cariño
a medias y quien permanece,
es porque *en verdad* te quiere.

XXVIII.
No todo ha sido malo,
hay errores de los que aprendes
y traiciones de los que creces,
hasta las personas que llegaron
para hacerte daño...

te hacen *más fuerte*.

Te vas a acordar de mí

Te vas a acordar de mí, en canciones, lugares y en las noches cuando no puedas dormir, cuando el sol se oculte y cuando la luna brille. Cada vez que llegue alguien a tu vida y no encuentres la misma sinceridad, las palabras bonitas, los abrazos que emanaban un intenso abrigo, los dulces besos apasionados, la mirada tan brillosa, la sonrisa tan verdadera, las promesas cumplidas, los cafés sin azúcar, el mismo perfume, las cartas y poemas. Cada vez que nadie pueda darte el mismo amor y esa intensidad que alguna vez yo te ofrecí. Ahí, ahí te acordarás de mí, pero muy probablemente, me encuentre a mil años luz de ti.

En otra vida, mi vida

Nunca quise tenerte tan lejos,
que lo que llevábamos
o alguna vez tuvimos
se haya quedado en el olvido.

Porque siendo sincero
me hubiera encantado ser yo
quien se quedara a tu lado.

Pero ahora que te tengo distante
puedo ver que eres feliz
en otros brazos y besando
otros labios.

Me está costando,
aunque ya no tengo de otra
que asimilar que no es esta
nuestra historia.

Tal vez **en otra vida**.

Mi vida.

Decirlo está de más

No voy a engañarte,
todavía te pienso,
sigues presente en cada
uno de mis pensamientos,
apareces en pequeños destellos.

Aún te extraño,
extraño lo que éramos,
lo que fuimos
e intentamos ser.

Incluso sigues apareciendo
cuando los planetas se alinean
y cuando el sueño es profundo...

Todavía no te olvido,
pero sé que **decírtelo
ya está de más**.

Mereces más

Aprenderás a curarte,
pero no busques hacerlo
con alguien más.

Vas a curarte contigo mismo,
pensando que la ruptura
pasó por algo.

Que si esa persona se fue es
porque vendrá alguien mejor.

Aceptando que así es la vida,
a veces se gana y otras se pierde,
pero no desvanezcas las esperanzas
de que llegará alguien a tu medida.

Suelta,
cúrate,
y capta
que el amor que ofreces
lo merece alguien mejor,
y que **mereces más**
de lo que antes te ofrecían.

Al final ganaste

No, no perdiste nada si soltaste
y dejaste ir para que sea libre.

No tienes de qué arrepentirte,
simplemente pasó y ya está.

Al final ganaste,
ganaste porque te diste cuenta
que el amor que ofreciste
era más de lo que esperaban.

Y lo mejor es que después,
cuando hayas sanado
llegará alguien a tu medida,
alguien que te quiera
con la misma intensidad
con la que tú lo haces.

Aprendiendo a olvidarte

A pesar de que terminamos
hace miles de atardeceres,
aún te quiero
y mucho.

Te sigo extrañando,
sigo recordando lo bonito
que vivimos juntos.

Pero créeme que también estoy
aprendiendo a olvidarte.

No es tan fácil el proceso,
estoy intentando quererme
y también duele,
pero no tanto
como volver a buscarte
y perderme de nuevo...

En ti.

Hasta nuestro reencuentro

Sé que teníamos todo para ser felices, que yo podía brindarte ese cariño que buscaste. Sé que pude ser yo quien estuviera a tu lado en cada tarde, tomados de la mano y abrazados por las noches, pero algo en el fondo también me decía que todavía no, que aún no era nuestra historia, nuestro espacio, nuestro planeta o incluso, que todavía no era nuestra vida. Quizá por eso fue que te marchaste, fue por eso que cada quien tomó su camino, ahora somos un par de extraños, con caricias que quedaron como recuerdos y un cariño que seguiremos sintiendo, *hasta nuestro reencuentro*.

El proceso duele

No he logrado cerrar la herida,
de vez en cuando
vuelve a sangrar,
cuando te pienso sin querer,
al recordar aquellas tardes
a tu lado,
pero lo estoy intentando,
lo sigo intentando...

Y duele,
el proceso duele.

Sin embargo,
ahí hoy,
sin prisas,
respirando,
disfrutando el ser libre nuevamente,
el ya no tener que estar
prisionero en unos brazos
que no me ofrecían nada de paz.

Ahí voy,
olvidándote con cada amanecer.

Perdón por alejarme

Perdón si me alejé de ti. Perdón si creíste que me había ido porque dejé de quererte, jamás fue así. Te quiero todavía, pero estaba cansado de los problemas, de las dudas, desconfianza, del amor que decías sentir y no demostrar, de las palabras que solo eran eso, palabras sin acciones, caricias sin calor, besos sin sabor, noches sin pasión. Sí te quería y te quiero todavía, sin embargo, esta vez prefiero elegirme a mí, para buscar mi propia felicidad y ya no quedarme por la tuya, prefiero soltarte para que seas libre y puedas encontrar a otra persona que estoy seguro no va a quererte, así como yo te quiero, pero al menos no te dará motivos para seguir siempre con lo mismo.

Voy a liberarme de las cadenas para buscar a alguien que sepa quererme, que sea más de acciones, de sinceridad y verdades. Voy por mi felicidad, aunque ahora me duela perderte, sé que en el fondo...

Es lo mejor.

Nos vamos a extrañar

Nos vamos a extrañar, cuando pasemos por aquellos lugares que solíamos visitar, al cruzar nuestra calle favorita, escuchar nuestra canción, al volver a coincidir en esa banca donde tuvimos nuestra primera cita, aquel callejón donde nos dimos el primer beso.

Cuando cada quien esté haciendo su vida, lejos el uno del otro, cumpliendo y alcanzando las metas que alguna vez nos platicamos.

Así, de la nada, *nos vamos a extrañar.*

Y para entonces, será demasiado tarde, pero nadie podrá quitarnos ese sentimiento de nostalgia.

Esas ganas de volver y sonreír a tu lado...

Una vez más.

Culpaba a los cuervos de arrancarme los ojos
y no ver lo que pasaba...

Pero hasta ellos volvieron para decirme:

"No te conviene".

XXIX. Y en mi último intento
volví a perder,
acepté la derrota,
pero le desee lo mejor
y una vida feliz.

Si tenía que caer, jamás lo haría de rodillas.

XXX. Algún día te darás cuenta
de lo mucho que te quería,
pero será ***demasiado tarde***,
ya estaré tan lejos de ti
y con el alma en completa calma.

Almas gemelas

Se alejaron, se dijeron adiós. A lo mejor ya no tenían motivos para seguir o la vida los puso por caminos distintos, pero nunca dejaron de quererse, de sentirse, de pensar en que había o tenían alguna esperanza en el futuro.

Cada quien tomó su rumbo, conocieron a nuevas personas, besaron otros labios, sintieron otras manos, otras caricias, otras miradas y otras formas de amar. Pero nunca se olvidaron, siempre se llevaron presente, siempre se pensaban por las noches y de vez en cuando se soñaban.

Siguen siendo *almas gemelas*. Dos sujetos que se quieren en la distancia, entre el tiempo y el espacio. No han perdido la ilusión, porque siguen esperando a que en algún momento vuelvan a encontrarse.

De lecciones se aprende

El pasado no se puede cambiar.
Ya no trates de arreglar
lo que ya está hecho.

No hay más remedio,
no puedes volver atrás,
solo queda continuar
con la frente en alto.

Tan solo lleva en mente
lo increíble que eres,
hasta dónde has llegado
y lo mucho que puedes
llegar a querer.

Te equivocaste una vez,
pero ya llegará alguien
que sí sabrá valorar
el cariño y la confianza
que puedas entregar.

Así que anda,
vuelve a arriesgarte,
que las caídas te forjan
y *de lecciones se aprende*.

Siempre viene algo mejor

Te van a romper en mil pedazos, porque así es la vida. Porque tarde o temprano llega esa persona que se vuelve prohibida o no es correspondida. Y vas a sufrir, vas a romperte cientos de veces la mente tratando de deducir porqué no funcionó, y es ahí donde te toca estimar las cosas, saber que ya era parte de tu fortuna que nada pasara, que se quedara solamente como una lección en tu vida. Y debes seguir, levantarte, no quedarte estropeado, porque te están preparando para algo mejor, para cuando llegue el verdadero amor, que puedas tener la madurez suficiente para recibirlo y que no vuelva a ser un fracaso, que se convierta en una realidad. Anda, seca esas lágrimas y levanta la frente, que apenas estás comenzando, no sufras por quien tenía que irse...

Recuerda que *siempre viene algo mejor*.

Mi persona correcta

Y si la vida me pone mil barreras
para hacerme sentir que aún no,
solo me quedará soltarte
para no seguir lastimando
el amor que sentimos.

Dejaré que te vayas,
que busques otro camino,
pero no otro destino...

Porque yo no voy a borrarte,
te tendré presente
en cada uno de mis pensamientos,
queriéndote,
abrazándote,
así te encuentres lejos.

Porque sé que volveremos
a encontrarnos, en un mañana,
listos para vivir esa vida soñada.

Porque para entonces
serás **mi persona correcta**
en el momento preciso.

Te sigo esperando

Te sigo esperando, no sé cuánto más pueda aguantar, porque el reloj también me comienza a ayudar, aunque sin mentirte todavía te extraño, extraño tus abrazos, tus besos, las salidas al parque, al cine, las largas caminatas por el campo, en el centro comercial, en la casa o en la cama. Todavía te extraño, extraño tu esencia y tu fragancia sigue impregnada en mi ropa, pero también sé que no vas a durar para siempre y que tarde o temprano podré borrarte. Y ahora que todavía te quiero, solo tú decides si venir a buscarme y luchar por lo nuestro o dejarme libre y esperar para que pronto pueda olvidarte.

La verdad duele

Saber la verdad dolió bastante,
pero fue mejor
que seguir viviendo de mentiras.

Entonces me di cuenta que estaba
en el lugar equivocado,
así que decidí escapar.

Porque un amor verdadero no miente,
no traiciona y no duele.

Un amor verdadero es aquél
que trae paz,
felicidad,
sonrisas,
paseos,
locuras,
besos,
caricias,
abrazos...

Sinceridad.

"*La verdad duele*, pero también te enseña".

Otra vida

Eras ese ser que siempre había soñado, que cada noche deseaba con conocer, aunque me niego a pensar que llegaste muy temprano o lo hiciste demasiado tarde, porque en serio quería que fueras tú, estrechar tu mano por el resto de mis años, pero algo pasó, no funcionó, puede ser que no estabas, no estaba o no estábamos preparados todavía, dejándome aquí, sin ti.

Y no, aún no pierdo la esperanza de volver a coincidir, arreglar y vivir lo que dejamos en el olvido, ese café que ya no tomamos, la canción que no bailamos, los viajes que no realizamos, los besos que no nos dimos.

Quizá tenga que esperar, unos meses, más años...

Otra vida.

Juro que me esforcé

No quería rendirme,
te aseguro que no quería.
Porque yo me prometí
estar siempre contigo
y me esforcé,
juro que me esforcé.

Di lo que tenía que dar,
pero incluso así,
con mis mayores esfuerzos
nada funcionó,
no tuve remedio que desearte
buena suerte y marchar,
pero nunca lo entendí...

Porque todo cambió,
desde lo lindo que la pasábamos,
hasta tu forma de actuar.

Tus palabras fueron diferentes
y tus caricias se enfriaron,
algo también sucedió contigo,
porque hasta pareciera ser
que me dejaste listas las maletas,
que me obligaste a partir.

Perdiste tú

No te preocupes por mí,
puedes irte.

Yo no voy a guardar ningún rencor
y el tiempo me ayudará a perdonarte,
así como también me enseñará
a cómo desprenderme de ti.

Así que descuida,
no pienses que estaré mal,
no pienses que voy a sufrir.

Yo estaré bien,
porque ahora sé
que yo no perdí,
porque te di lo mejor.

Perdiste tú,
porque dejaste ir
a quien más te quería
y a quien más iba a quererte
para toda la vida.

Ya es demasiado tarde

No debiste irte así,
después de recibir hasta lo último de mí.

No debiste fallarme,
fallarte,
fallarnos.

No debiste lastimar(nos).

Pero **ya es demasiado tarde**,
el daño está hecho y
no puedes volver,
no puedo volver...

Por más que el corazón se me estremezca
y la vida me cobre factura.

Es necesario dejarte ir
y comenzar de nuevo.

Y esta vez seré yo mismo
el que me motive a seguir.

Voy a seguir adelante.
Voy a seguir con mi vida.

Y ya no lo haré por ti.

Lo tendré que hacer porque otras personas quieren
verme bien, quieren darme a saber que soy importante,
que debo persistir y que puedo progresar...

...sin volverte a buscar.

XXXI. Me alejé del sitio que más amaba,
pero que también dolía,
y sí,
fue difícil,
pero *aprendí a elegir* lo que quiero
y en donde merezco estar.

XXXII. Traté de creer que no eras para mí,
y me costó demasiado,
sin embargo,
tenía que reconocerlo,
era *salvarme*,
con el *sacrificio* de dejarte ir.

Es mejor soltar

Porque te quiero y me quiero, **por eso te suelto**, porque ya está de más seguir insistiendo, ya se terminó. Y lo intenté, hice más de lo que te imaginas por recuperar lo que teníamos, esas ocasiones que me hacían sonreír de alegría, los paseos, locuras, caricias, las citas románticas y las charlas por teléfono hasta las 3 de la mañana. Y aunque ahorita dices estar, hace mucho que no te siento, que no te tengo, que no logro percibir la calidez en tus abrazos, el sabor de tus besos, el aroma de tu cuerpo. Y te quiero, sí, sí te quiero, pero también me quiero a mí. Y antes ya me dejaron grandes lecciones, ya aprendí que es mejor partir cuando ya nada tiene sentido y no pienso seguir aferrándome al mismo sitio donde ya no existe ningún remedio.

Las heridas fueron por algo

Cuando menos lo esperes
llegará esa alma que buscabas,
llegará así,
de la nada,
posiblemente con un mensaje
en tu bandeja,
en una coincidencia por el parque,
en el cine,
en la playa,
en tus vacaciones
o en el trabajo,
en la fila de un banco
o al toparse de frente en el colegio.

Llegará para devolverte
esa calma, paz y confianza
que antes perdiste,
entonces sabrás que todas
las heridas fueron por algo.

Ese amor verdadero
que siempre deseaste.

Es más sano extrañarte

Creo que a pesar de tenerte lejos
puedo decir que
es más sano extrañarte,
pensarte y llorarte
por las noches
que tenerte a mi lado...

Porque sé que dejará de doler,
dejará de pesar,
que voy a superarte
y podré estar en paz.

Eso es mejor que seguir ahí,
donde duele,
donde me lastimaba con cada
segundo,
donde nada bastaba.

Así estamos mejor.

Así estoy mejor.

Así es y será mejor.

Tengo miedo de lastimarnos

Te quiero,
eso nunca lo dudes.

Y perdón por no demostrarlo,
porque realmente lo mereces,
pero he experimentado
tantas caídas,
miedos y desastres,
he derramado muchas lágrimas
y he recibido mil mentiras
que tengo miedo de lastimarte
con mi indiferencia,
con mi desconfianza,
con mi temor
y con los fantasmas
que aún me persiguen,
***tengo miedo
de lastimarnos...***

Pero sí,
sí te quiero.

Y mucho más
de lo que imaginas.

Te deseo lo mejor

Yo espero que todo en tu vida marche bien, porque estoy consciente que no terminamos de lo mejor, pero al menos te guardo un gran cariño todavía. Nunca voy a desearte ningún mal, al contrario, siempre desearé que las cosas te salgan de la mejor manera posible. Y pese a que tuvimos nuestras diferencias, sé que también mereces ser feliz, que merecemos sonreír, así que descuida, no hay rencores.

Busca a alguien que te quiera tanto como alguna vez me quisiste, aplica lo aprendido para no volver a cometer los mismos errores. Yo estaré bien, porque ahora tengo en claro qué cosas hacer y los errores que no debo cometer en mi próxima aventura.

Te deseo lo mejor, así, aunque estemos a mil kilómetros de distancia, nunca dejaré de desearte siempre lo mejor.

Eres de admirar

Eres de admirar,
porque después de que te hicieron
mierda el corazón
y te mintieron,
después de que te lastimaron
y te hicieron sentir miserable,
ahí sigues todavía,
de pie,
creyendo firmemente en que solo
fue un tropiezo.

Ahí sigues...

Creyendo todavía en el amor.

Ya no debía seguir insistiendo

Al final me di cuenta
que por más que lo intentara,
me esforzara
e hiciera hasta lo imposible
por convencerte que te quedaras,
ya no tenía caso
seguir luchando por ti.

Porque dicen que un amor
verdadero es de dos
y que nunca solo uno
debe dar hasta lo que no puede
para que las cosas funcionen.

Ya no,
no debía seguir insistiendo,
por más que te quería,
por más que me doliera,
por más que suplicara
o me obligara a hablarte...

Por más que me abriera mil llagas
en el pecho,
tenía que aceptar que ya no estabas
y que era muy necesario
dejarte volar hacia tu propio cielo.

Mereces un amor bonito

Mereces un amor bonito,
de esos que te rompen
los miedos y te besan
las heridas,
que acarician cada cicatriz
y te abrazan en las noches frías.

Mereces un amor que te tome
de la mano sin temor al qué dirán,
que un trance a su lado
sea una eternidad,
en el cine,
en el parque,
por las calles,
en un restaurante o
en el puesto de taquitos.

Sin importar el lugar,
que todo a su lado sea
especial y te demuestre
porqué nada funcionó antes,
para darte las respuestas
a tantas dudas
y que entonces intuyas
que lo que esperaste...

Valió la pena.

Un adiós necesario

Muchas veces es mejor aceptar la realidad y dar una despedida definitiva, porque sabes que no hay remedio a lo que ya se perdió. Que esa persona que alguna vez quisiste ya no es la misma de ahora, que los segundos no se detienen, no regresan, que mientras más aguantes, más te lastiman. Porque no es necesario seguir quemándote, ardiendo de sufrimiento, porque, aunque va a doler, sabes que con el paso de los días vas a encontrar alivio, vas a recuperar esa tranquilidad. Porque en el fondo sabes que, aunque el corazón no quiera y el alma se te rompa en mil pedazos, **un adiós definitivo**, **es necesario** para volver a sonreír.

Sueños que antes te contaba

Fracasé al intentar olvidarte.

Porque cada que lo intentaba
salía corriendo a buscarte.

Entonces decidí dejarlo así,
toqué fondo,
me hundí en una terrible soledad,
me sangraron lágrimas
y perdí el corazón.

Sin embargo, seguí.

Posiblemente morí en vida,
pero ni la peor mentira
logró vencerme,
le encontré el lado bueno
a tu partida.

Continué.

Cuando todo me pesaba,
el seguir manteniéndote
dentro de mí me sirvió como
motivación para cumplir
con cada **sueño que antes**,
con tanta emoción **te contaba**.

No me pidas disculpas,
no te arrepientas.

Yo ya te perdoné.

No es a mí a quien debes la factura.

Es a la vida,
es al karma,
es al destino...

Que nunca olvida
y siempre regresa.

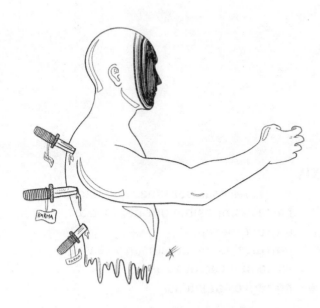

XXXIII.

Nunca cambié...

solo entendí que tú y yo
ya **no teníamos** mucho por hacer.

Y por eso me fui.

XXXIV.

Valoren a esas personas que hacen
hasta lo imposible por demostrar
que te quieren,
porque cuando se cansan y se van,
ya no hay vuelta atrás
no regresan jamás.

Aprendiendo a vivir sin ti

Yo creía que era verdad cuando decían que "el tiempo lo cura todo", pero no fue así, por más que lo intentaba siempre volvías, en los recuerdos, en mis pensamientos, en los sueños, en las noches de desvelo o inclusive al cerrar los ojos, jamás logré despedirte, por más que luché por conseguirlo. Aún recuerdo cada letra de tu jodido nombre, que me estremece siempre que lo escucho por las calles, como si regresara atrás, recordando con exactitud cada estación en la que estuvimos juntos.

Y es que no te extrañaba tanto a ti, me extrañaba más a mí, cuando fui feliz.

No, jamás te olvidé, pero sí logré captar algo mejor, porque acepté que tenía y debía seguir adelante, que ya no eras parte de mi presente y no lo serías en mi futuro.

Te solté, te dejé ir...

Aprendiendo a vivir sin ti.

No sigas haciéndote más daño

Te haces más daño
tratando de descifrar
cuál fue el error que cometiste
o si había alguna posibilidad
de arreglarlo.

No entres en controversia,
no te provoques más golpes,
no te presiones,
no te imagines un regreso.

No hay marcha atrás,
solo queda dejarlo así,
porque por algo
te han quitado del camino.

Te esperan muchas cosas más,
nuevas aventuras,
más corazones,
nuevas almas por descubrir...

No sigas haciéndote más daño
con algo que ya se terminó.

Continuar con el viaje

Sé que estás pasando
por muchas crisis y tormentas,
problemas y presiones
que no te dejan seguir,
que deseas desaparecer
y olvidarte de lo que
te preocupa,
que piensas que no habrá
solución y que las cosas
no van a mejorar...

Pero no,
no siempre será así.
Nunca pierdas esa esperanza
de que vas a cambiar.

Confía en que podrás levantarte,
que podrás superar ese rechazo,
acomodar el desorden,
ir hacia delante
y **continuar con el viaje**.

Cada quien con su destino

Fuimos algo que terminó
antes de lo debido,
antes de poder conocer
lo que llevabas dentro,
de poder descubrirte de piel y alma,
deseaba que nuestra historia fuera eterna.

Y cuando más te quería,
decidiste irte.

Y está bien,
no quise detenerte,
porque sabía que **cada quien
tiene su propio destino.**

Te convertiste en eso
que se impregna en la mente
en las noches de melancolía,
que te enseña a ser más fuerte,
a no cometer los mismos errores,
eso que te forja,
pero que de vez en cuando
también se extraña.

Cada día lo vuelvo a intentar

Cada día lo vuelvo a intentar, porque llego a pensar que lo he logrado y no es así, la nostalgia vuelve cuando por la calle te veo pasar o al volver a visualizar alguna de nuestras fotos. Pero dicen que cada despertar es un nuevo comienzo y yo no he dejado de luchar, porque sí, tienen toda la maldita razón cuando dicen que cuesta dejar ir después de amar con el alma. Ya está de más seguir sufriendo por una persona que vive sin mí. Debo darme esa oportunidad de volver a resurgir, de perdonar y prolongar, no será sencillo, pero un paso a la vez. El tiempo será el mejor aliado, y mientras pase voy a recuperar la tranquilidad. Claro que primero va a causar muchas penas, sin embargo, también lo estaré logrando, un sacrificio que costará y una vez que lo logre...

Tendré la mejor satisfacción.

Ya se acabó

La aceptación es el primer paso
para curarse.

Ya no hay marcha atrás,
ya no volverán los amaneceres felices,
los primeros días,
la confianza y la sinceridad.

Está bien marcharse
y de eso también se trata el amor,
de dejarse libres,
cada quien por su camino,
ya sin lastimarse,
ya sin más reproches o discusiones.

Dar media vuelta e irse,
deseando buena suerte
simplemente aceptando...

Que *ya se acabó*.

Aléjate

Aléjate si no eres feliz, es muy normal que tengas miedo, que tengas temor de quedarte en soledad y nunca más volver a encontrar a alguien que quiera estar a tu lado. Aunque a veces es mejor vivir en soledad que seguir viviendo en ese lugar que lastima, que te causa pequeños instantes de felicidad, pero más tormentas. Armarse de valor y decir "hasta aquí", y con ello vendrán muchos días difíciles, pero vas a saber lidiar con eso, salir adelante de tu propia mano, abrazarte y consolidarte. Porque es mejor que duela un lapso y después las heridas se curen...

A seguir así, y que duela para siempre.

Me forjaste con tu despedida

No,
en serio que no te guardo odio
por haberte ido sin avisar.

Sí,
me costó reconocerlo.

Fueron muchas noches
en las que tu recuerdo me perseguía,
lágrimas como fuente que no calmaban
y se derramaban solas,
cuestionamientos que me hacía
porque te habías marchado...

Pero también me enseñaste
demasiado,
por ejemplo,
a no depender de nadie,
que mi felicidad es solo mía,
a que no siempre voy a tener
lo que más deseo en la vida.

Y está bien,
me forjaste con tu despedida.

Va a doler

¿Cómo te explico que **va a doler**?

Que habrá días en que te tendrás que sumergir entre tus propias lágrimas y gritarle al cielo para que ese sentimiento que llevas dentro desaparezca. Estarás entre la confusión y al límite de la locura, sin embargo, vas a darte cuenta que decir "ya no más", fue la mejor decisión. Porque en realidad nada perdiste, te perdieron, porque siempre diste lo mejor, porque dejaste que hicieran contigo lo que quisieron, también te salvaste, también le diste un suspiro al corazón, un alivio que si te hubieras quedado no estaría. Porque si permanecías iba a doler más, estarías muriendo lentamente, sufriendo sin consuelo. Tomaste una buena decisión al marcharte, porque ese sentimiento ya no será para siempre.

Ya no regresaré

Lo siento...

Mi corazón muere por volver a abrazarte,
mientras el amor propio lo está atando
para que no logre zafarse.

Ya no regresaré.

Y ojalá pudiera escapar un poco de la realidad
y regresar a la mentira.

Aunque la triste verdad
es que estar contigo me lastima.

Las ganas me queman,
pero voy a repetirlo una vez más...

Ya no regresaré.

JAIRO GUERRERO

Algo bueno llegará.

Tal vez una casualidad me sorprenda,
cuando menos me lo espere,
el amor volverá a tocar mi puerta
y temblando de angustia...

Yo abriré.

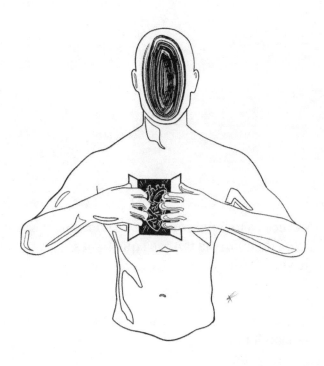

XXXV. Eras tú, pero no el momento.

Y lo peor fue tomar una **decisión**,
seguir insistiendo o alejarme para siempre.

XXXVI.
Mereces a una persona que se **enamore**
hasta de tu forma tan loca que tienes
de ver la vida,
de tus risas,
locuras,
pasiones,
pensamientos,
sentimientos
y cada una de tus tristezas.

Un tiempo para ti

Date un rato, respira profundo, trata de interpretarlo, quisiste con el corazón y hablaste siempre con la verdad, entonces lo hiciste bien, no cometiste ningún error si trataste de querer con toda el alma. No cargues conciencia, solo es algo que falta por aceptar, que, si el universo te apartó de esa persona, es porque simplemente no era para ti, ahí no era. Vendrán mejores épocas. No te sientas acabada o acabado por alguien que nunca sabrá ver lo maravilloso que eres.

Date **un tiempo para entenderlo**.

Ya no espero nada de nadie

Algo pasó desde que te fuiste,
comencé a ver la vida
de forma diferente,
es que en realidad no fracasé.
Te fuiste, pero me dejaste
grandes enseñanzas.

No te miento
en ocasiones te extraño...

Pero después recuerdo
que cuando estabas a mi lado
extrañarte no importaba.

Ahora *ya no espero nada de nadie*
para no cometer los mismos errores,
las mismas equivocaciones,
ya solo es por buscar felicidad,
aunque ahora
no tenga a nadie a mi lado
siempre busco lo mejor para mí.

Lejos estamos mejor

Lo he decidido, cada quien por su camino. Aunque me pese el alma y me queme el corazón, aunque mis manos ya no tomen las tuyas y mis ojos ya no puedan ver tu mirada, aunque mi cuerpo ya no sienta de cerca tu piel y no pueda volver a sentir lo suave de tu pelo, respirar el dulce aroma de tu cuello. Porque no sabes cuánto me hubiese encantado ser yo el final de tu aventura, quedarme por siempre a tu lado y volvernos eternos.

Pero no funcionó,
nos alejamos,
nos lastimamos,
nos soltamos.

No será aquí, no en este mundo, no en esta vida, quizá en un futuro, no lo sé, o ya nunca. Pero por ahora, *lejos estamos mejor*.

Ciclos

Cerrar el **ciclo** no es sencillo,
llegas a pensar que no habrá más futuro,
que no llegarás a dar un paso más.

Son noches en vela,
tardes de tristezas
y mañanas de pensamientos
que no te dejan estar en paz...

Pero una vez que logras hacerlo,
que aprendes a quererte
más de lo que querías a otros,
que te vuelves prioridad,
que tu felicidad solo depende
de ti y de nadie más,
es ahí cuando ya puedes enfrentar
la vida y lo que después llegará.

No era nuestro momento

No nos faltaba nada para ser felices, te quería, me querías, nos entendíamos, ¡ay cariño!, nuestras miradas se correspondían, los ojos brillaban, las manos sudaban, la piel se deseaba, y los sentimientos se hacían cada vez más inmensos. No sé qué fue lo que pasó, cometimos errores, la confianza se acabó, las pláticas por las noches se esfumaron, las palabras bonitas se escaparon, las sonrisas se borraron. Y lo arruiné, lo echamos a perder. Acaso fue el miedo a seguir intentando, el temor a lo que estábamos sintiendo, a esos sentimientos que crecían sin freno.

Tal vez nos faltó mucho,
teníamos demasiado
o simplemente...

No era nuestro momento.

Estoy en proceso

Hay tanto por aprender,
debo renunciar a personas que
ya no aportan nada a mi vida,
dejar de pedir disculpas
a quienes no lo merecen.

Hay bastante por olvidar,
demasiado por perdonar,
deducir que el delito fue mío al
querer permanecer donde ya no,
recuerdos que debo esfumar,
ya no pensarlos tan seguido,
ya no dejar que me intranquilicen.

Voy lento
porque estoy sanando de a pedazos.

A veces duele,
pero creo que de eso se trata,
estoy en proceso y
estoy con más tranquilidad ahora,
con la esperanza de que pronto
mi vida va a mejorar.

Un deseo que nunca se cumplió

Fuiste *ese deseo* que siempre quise, lo que tanto anhelaba, ser feliz a tu lado...

Nunca pasó, **no se cumplió**, nunca pude estar contigo, llegué a pensar que posiblemente fue un capricho o algo que simplemente no iba a funcionar. Solo sé que fue muy complicado aceptar que sería así, que no se puede tener todo en la vida, y tú siempre fuiste lo que más quería.

Contigo tuve la dicha de sufrirlo, de vivirlo, de asumirlo y superarlo. Costó bastante, como no te imaginas. Y es muy probable que ya no pueda sacarte, pero al menos aprenderé a batallar con tu recuerdo.

Solo contra el mundo

Ojalá que sean más días buenos
que ansiedades por las noches.

Que la calma te llegue pronto,
que sepas que es parte de la vida,
que puede doler unas semanas,
unos meses
o un par de años,
ya dependerá del grado con el
que quisiste a esa persona,
pero bien dicen
que no hay mal que dure
toda la eternidad.

Así que anda,
tranqui,
que pronto las cosas pasan,
lo que daña ahora cerrará
como cualquier raspón
y se volverá en una
preciada cicatriz que podrás
presumir en el futuro,
cuando estés completamente
forjado o forjada...

Listo para enfrentar al mundo.

Los días malos no son eternos

Y aunque ahora no vives la mejor situación de tu vida y piensas que comienzas a derrumbarte, no pierdas las esperanzas de que se vienen cosas mejores. Pronto podrás borrar de tu mente lo que te atormenta, el desorden por fin tendrá respuesta, las nubes grises se marcharán, las dudas se habrán despejado. Ríe por ahora, que, aunque las cosas estén mal, no siempre vivirás de tristezas. *Los días malos nunca son eternos*. Siempre llegarán mejores casualidades, nuevas personas, nuevos sueños y más felicidad.

Te busqué

Cuando todo cambió
hice lo posible por recuperarte,
te busqué
en cada rincón,
en cada esquina,
en cada recuerdo,
en cada palabra.

Te juro que te busqué,
pero lo hice cuando tú ya no estabas,
cuando ya te habías ido...

cuando yo te quería de vuelta,
y sin decirlo
ya te habías despedido.

La vida te recuerda y no como héroe.

Yo nunca te olvidé
y siempre te pienso para no sentirme cobarde...

Porque en medio de nuestra guerra,
huiste,
dejándome morir.

XXXVII.
No te culpo por fallarme,
ahora entiendo
que *no* te prepararon para tanto.

XXXVIII.
Aunque me falten las ganas
y las fuerzas para seguir,
no dejaré de confiar
en que a pesar de todo...

Voy a lograrlo.

No dejes de creer

Entiendo todas las frustraciones que has llevado, pero no te rindas todavía, *no dejes de creer*, no evites el amor.

Porque es verdad cuando dicen que las conexiones existen, sin embargo, no existen con cualquiera. La vida se te está acomodando, tienes un fin mejor al que pensabas, sin falsedades, sin reclamos, sin tantas inseguridades, sin miedos. Porque quien llegue a tu vida será tan perfecta como la deseaste, habrá madurado lo suficiente para conocer lo que es querer, y te hablará siempre con total sinceridad. Porque los dos estarán forjados y listos.

Por lo pronto quiérete a ti, no trates de forzar las cosas, porque llegan a su debida casualidad...

Cuando menos lo esperes, volverás con esa sonrisa, recuperando esa felicidad que extrañas y mereces.

Directo al corazón

Hay ocasiones en las que me
preguntan por ti,
y yo,
no digo nada,
prefiero evitarlo,
porque al recordarte
es como recibir una bala
directo al corazón,
el pecho llora,
porque tus memorias aún
siguen vagando en mi interior.

Por lo que jamás se nos dio.

Lo que hoy ya no existe,
pero que nunca olvidé.

Y a pesar de que ya terminó
te seguí llevando,
me quedé con lo bueno
que me ofreciste
y despedí lo malo, lo envenenado.
Ahora solo espero que donde
quiera que te encuentres
seas muy feliz,
aunque ya no estés pensando en mí.

Llegaste para salvarme

Llegaste para sanarme, *para salvarme* después de estar encerrado en una prisión sin escapatoria. Pensé que no volvería a experimentar esa sensación, de volver a querer así.

Llegaste, y lo hiciste para demostrarme que todavía tengo sentimientos escondidos que hacían falta ser activados. Llegaste para rescatarme de un fracaso que no podía ni quería aceptar. Llegaste, pero no, no para quedarte. Ese fue el problema. Porque muchas veces pensé que esta vez sería diferente, que lo había conseguido contigo y que por fin te quedarías. La ilusión creció a tope que nunca me imaginé que algún día ya no estarías. Ahí fue cuando capté:

"Muchas veces llegan personas a tu vida para curarte, pero no para quedarse".

Y duele.

Duele no tenerte, pero te agradeceré siempre que llegaste para salvarme.

Se aprende con heridas

Entendí que **se aprende
con heridas**,
que a la gente le gusta
hacerlo siempre a la mala
(y me incluyo),
que tienen que sufrir un
desengaño para darse cuenta
que el amor duele,
que se siente en el alma
y te arranca el corazón,
que no vamos a quitarnos
la venda de los ojos
hasta que de verdad nos hagan
derramar lágrimas.

Y, aunque todas esas cicatrices
de vez en cuando vuelvan
a asomarse,
también te ayudan para
darte cuenta que lo
que has vivido ha sido por algo,
que esa madurez que llevas
no fue fácil de conseguir,
que mereces siempre lo mejor
y nunca nada a medias...

Porque hasta las penas
también te dejan
una gran lección de vida.

Que todo en tu vida marche bien

Porque si el tiempo pasa y en el futuro por alguna razón ya no estamos juntos, quiero que sepas que siempre voy a pedir por ti, para que puedas cumplir todo aquello que me decías. Esos sueños que siempre deseaste, las metas que querías y debes alcanzar, esa sonrisa que en tu rostro siempre debe estar.

Te quiero ver llegar lejos, sin importar cómo o porqué dejemos de coincidir.

Y es que no sé si esto sea para siempre, pero por si acaso, desde hoy le pido al cielo que cumplas con tus propósitos y *que todo en tu vida marche bien.*

Te quise mientras duró

Créeme que disfruté
el momento,
te quise,
te amé,
como no te imaginas
y jamás pensé que esto
acabaría,
pero pasó,
te fuiste y me costó...

Aunque puedo decirte
que aprendí de ti
y ahora sé los errores
que no debo cometer en el futuro,
te quise...

Te quise mientras duró.

Me fui en silencio

Me fui en silencio, no quise gritar que intentaba cerrar el ciclo, quería estar seguro de realmente dejar de buscarte, fui despacio, sufría por lapsos, me daban esos ataques de ansiedad. Suplicaba poder encontrar el alivio, pero me fui sin prisas, sin obligar al corazón que te sacara en un instante, tenía que ir lento.

Primero borré las fotos, porque siempre me castigaba al verlas, después fueron los mensajes, un golpe directo en el pecho al ya no tenerte entre mis contactos, dejé de acudir a los que fueron nuestros lugares favoritos y ya no escuchaba esas canciones que me dedicaste, porque sabía que tarde o temprano tu recuerdo se me atravesaría.

Realmente dolió dejar de verte, pero con cada estación comencé a borrarte de mi mente y un día cualquiera...

Desperté y ya no estabas.

Todo pasa por algo

Quizá el destino ya te está
preparando para lo se viene
en el futuro,
es por eso que ese desencanto
te está enseñando,
por eso es que no funcionó,
porque no era el sujeto,
ni el momento,
ni el lugar...

Vendrán,
vendrán mejores que te van
a demostrar lo que es querer
de verdad,
lo mutuo, lo sano,
lo irremplazable.

Es ahí cuando verás que todos
los fracasos valieron la pena,
que todo pasa por algo,
porque antes ya caíste
y ahora mereces ser feliz.

Solo queda decir adiós

Vas a llegar a ese punto en que puedas aceptar que ya no puedes hacer nada más y lo único que **queda es decir adiós.**

Y entonces vas a cerrar la puerta para siempre, vas a dar las gracias por lo bueno y malo que viviste. Porque a pesar de que terminó, también aprendiste, recibiste una gran lección. Podrás aceptar que también se pierde y ahora queda dar media vuelta y buscar un nuevo camino, otros horizontes, explorar nuevos rumbos y volver a sonreír.

Y no, no estás haciendo nada mal, porque rendirse y dejar de insistir también es una muestra de que comienzas a quererte, que lo estás haciendo bien...

Contigo mismo.

Como buen perdedor

Que la vida te premie con lo que yo nunca pude darte.

Si no supiste quererme no te culpo, estoy consciente de que suelo ser un desastre.

Y lo acepto, no hace falta que agaches la mirada, me voy sin reprochar o reclamar.

Como buen perdedor, te deseo lo mejor y si ya no te hago falta, sigue adelante, sin preocuparte.

Yo me quedaré aquí, justo en el mismo sitio, no para esperarte, es solo para que tu ausencia...

 duela un poco menos.

Te acuerdas de mí ahora que te rompen el corazón.
Justo así es esa sensación de pensar que te querían y al
final te desilusionan.

¿Ahora es que sabes por qué no paraba de llorar a cada
segundo?

Es así como se siente.
Es así como lo sentí.
Justo así fue como te sufrí.

Ahora te toca suplicar, te toca gritar e intentar olvidar.
Y aunque siempre quise verte de esa manera, hoy me toco
el alma por ti y no quiero verte como yo me vi.
Voy a darte un consejo...

Rompe en llanto
y
despide a sus recuerdos.

XXXIX.
Yo nunca quise olvidarte,
pero *me obligaste* a partir...

y después de mucho insistir
decidí elegirme a mí, antes que a ti.

XL. Estoy en proceso,
sanando de a poco,
no ha sido fácil pero ahí voy...

cada vez con menos heridas
y cada día más feliz.

Después de mucho volví

Hola,
¿Te acuerdas de mí?
Seguro ya lo olvidaste o me recuerdes
como una aventura más. No lo sé.

Pero, aun así, me presento:

Fui aquel a quien le rompiste el corazón,
bueno, más bien,
quien dejó que le rompieras el corazón.

Después de mucho volví,
no para volver a rogarte como en los viejos ayeres,
tampoco para reclamarte algo que no dio para más.

Solo vengo a darte las gracias por lo que me enseñaste.

Gracias por demostrarme que puedo seguir adelante conmigo mismo, que no necesito de nadie para cumplir con mis propósitos y que a pesar de que me doliste hasta el alma...

Siempre fuiste mi mayor inspiración para permanecer, para no dejarme derrotar.
Y por eso, nunca te desee el mal.

Gracias por las enseñanzas, después de tanto vuelvo, para decirte que no te guardo ningún rencor.

Locura

No podía escapar de ti, era como una enfermedad, una locura que no se borraba.

No aceptaba que tenía que irme, hasta temblaba de miedo de hacerlo y que tú sufrieras, que no encontraras a nadie que te quisiera y llegara a valorarte como yo lo hacía.

Y ahí estaba el error, veía demasiado por ti y nada por mí.

Lo correcto era alejarme y dejarte sin que me importara nada, excepto mi propia estabilidad emocional.

Llevaba una *locura* que me atormentaba, pero que solo era una simple fantasía.

Porque sí, sí puedo estar sin ti.

Aunque tuve que sufrir más de lo necesario para darme cuenta.

Y no, no me arrepiento.

Me admiro,
por salir del lugar donde pensaba imposible, cuando jamás creí que volvería a volar.

Para cuando vuelvas

Para cuando vuelvas, todo será diferente, lo aseguro.

Y si lo haces, es porque te diste cuenta que te equivocaste, que después de buscar y buscar, no encontraste a nadie como yo.

Y es que, para entonces, las cosas habrán cambiado, la versión que conociste habrá muerto.

Ahora tendrás frente a ti, a alguien que aprendió a quererse, a no volver a permitir que se burlen de sus sentimientos, a ya no suplicar, a no querer más de la cuenta y a ya no demostrar sus sentimientos de a golpe.

Para cuando vuelvas, la persona que alguna vez conociste ya no existirá.

Tendrás a alguien que logró superarte, superarse y decidió seguir su camino sin ti.

Más simple, para darte una idea...

Tendrás a alguien,
con un recuerdo tuyo que jamás existió.

Abandonos

Mi corazón preguntaba por ti.

¿Cómo le iba a explicar que te habías ido para ya no volver?

Le mentía casi siempre...

Lo engañaba con tus fotos,
no lloraba, reía, recordando tu perfume
y los te amo que alguna vez me dijiste.

Es como decirle a una mascota **abandonada** que su dueño jamás volverá.

¿Cómo lo iba a aceptar?

Hasta hoy, que yo ya te olvidé, te sigue buscando, porque una cosa fue aceptar que te fuiste, pero otra muy diferente, es que jamás dejé de quererte.

Me sirvió de experiencia

Antes no creía en que se puede sufrir por amor, que se puede quedar atrapado en un desamor, que no se encuentra ninguna salida, que ya no se dibuja ninguna sonrisa y que toda la vida se torna en una especie de televisión antigua, con un cielo gris y un corazón blanco. Que las ganas se borran y el ánimo no se puede despegar del suelo.

No creía en esas historias, en esos escritos, en esas lágrimas manchando un papel mientras se escribe una última carta.

Hasta que se vive y se experimenta.

Es ahí cuando puedes sentir el dolor, cuando puedes descubrir la depresión.

Y cae en nuestra voluntad saber decir "hasta aquí".

Pero pasan los años, la desilusión se queda, veces en las que esperé su llegada y nunca aparecía, las palabras que le escribía y no leía, el cariño que ofrecía y jamás fue correspondido.

Se llevaron la mejor versión de mí, sin embargo, *me sirvió de experiencia*, me sirvió para seguir construyendo mi camino, para seguir con mi vida y no cometer los mismos errores para quien llegue después.

Sí, me ayudó bastante,
pero cómo duele vivir con su ausencia.

Complicado, pero necesario

No es que no te haya cuidado,
no es que no hubiera dado lo suficiente,
no es que no te arropaba con palabras bonitas
o detalles que te hicieran amarme más.

Tenías eso, lo tenías todo.

Pero incluso así,
me fallaste.

Y tardé para darme cuenta que no fui yo el culpable.

Porque por más que todo lo tenías, quisiste hacerlo.

Nunca fuiste tú,
nunca fuiste el amor de mi vida,
nunca me quisiste...

Qué complicado fue aceptarlo.

Pero **qué necesario** era hacerlo.

No merecía terminar así

No debí llorar tanto,
no tenía que entregarte todo,
no era justo que mis llantos
se inyectaran en mis noches.

No merecía terminar así,
desvelado,
cansado,
sin ánimos
y sin ganas de más.

No lo merecía,
pero yo me lo busqué,
porque, aunque me diera cuenta
de que estaba en los brazos incorrectos,
yo seguía...

Yo me causé cada corte,
yo me forjé con tu despedida.

No lo merecía,
sin embargo,
no me arrepiento de recibir
mi mayor lección de vida.

Ya no me esperes

No volveré a buscarte,
lo prometo.

Aunque no lo creas
y aunque no me lo crea.

Me cansé cuando perdí la cuenta
de todas las veces en las que te pedí perdón,
cuando yo no había fallado.

Ya no me esperes.

El problema siempre fui yo,
por insistir donde ya no me querían.

Y lo único que faltaba
era ver que el error siempre fue buscar
a quien nunca quiso que lo encontrara.

Sonrío por las calles

Después de un periodo que llevaba perdido, logré encontrarme. No fue simple, tuve que aceptar muchas cosas, abrazarme, perdonarme, por esos errores donde nunca cometí alguna falta y no encontraba a ningún otro culpable que no sea yo. Jamás me equivoqué. Y lo único que no entendía es que ahí no era y nunca sería, que por más que hiciera hasta lo imposible, cuando la vida te dice que no, simplemente debes aceptarlo, agradecer y seguir con el camino.

Me costó reafirmar que había perdido, pero una vez que lo hice, logré sanar muchas cosas que me apenaban.

Sonrió, **sonrió de nuevo por las calles**, con los amigos, la familia, en los chistes y en las locuras. Aunque eso no quita que aún tenga algunas lesiones que no han sanado, que probablemente nunca lo harán. Y no tenga remedio que aprender a vivir así, con las marcas del ayer.

Estaba perdido

No necesitaba de tus caricias,
no necesitaba de tus besos,
no necesitaba pronunciar
tu nombre a cada minuto.

No te necesitaba.

Tuve que suplicar,
llorar mil océanos
y estar en soledad
por meses para por fin
abrir los ojos y recapacitar.

No me hacías falta,
era yo quien me había abandonado,
estaba perdido...

Hasta que despedí tus recuerdos,
me enfoqué en mí,
luché por mis sueños
y todo volvió a tener sentido.

JAIRO GUERRERO

Hoy despido a tus recuerdos...

Hasta la próxima vida,
mi vida.

Epílogo

"Carta a tu recuerdo"

Te recuerdo en el atardecer del parque cuando tus ojos brillaban y tu sonrisa bailaba al ritmo de tu voz, donde tus manos acariciaban mi rostro y tus labios saboreaban la dulzura de mis besos, en tus miedos que te robaban el sueño por las noches, haciendo que te sumergieras en un insomnio que dejaban como testigos esas ojeras llenas de luchas que se marcaban en tu rostro, cuando tu voz me dijo por primera vez te amo, y me tomaste la mano brotando los más grandiosos sentimientos que el alma puede generar...

Aún recuerdo cuando bailábamos bajo la luna y las estrellas, de todo lo que ocultábamos por miedo a no encajar, todas las tardes de charlas donde me enseñaste a no rendirme, a luchar, a no desistir a pesar de todas las caídas, de todas aquellas cicatrices en mi cuerpo que atestiguaban cada fracaso, de todas esas aventuras que me hacían reír a carcajadas, cuando tenía miedo a la oscuridad y ahí estabas tú, abrazándome tanto que no me soltabas hasta quedar dormida.

Te recuerdo cuando tus enojos se hacían más frecuentes, donde no querías hablar conmigo porque pensabas que me ibas a lastimar con tus palabras...

Te recuerdo cuando ya no había más amor para dar, donde ya no tenías ganas de verme, porque tus miedos eran más grandes que tu amor por mí, en tus reproches que se volvieron más hirientes para mi alma, no me liberabas, me sostenías tan fuerte que me lastimabas.

Aún recuerdo cuando mentías y no podías mirarme a los ojos, porque tu corazón se iba alejando del mío, donde tus manos me iban soltando poco a poco y tus labios ya no querían besarme, tu mirada ya no quería brillar para mí, cuando tus monstruos ganaron la batalla y se apoderaron nuevamente de ti.

Recuerdo tus celos que se clavaron más adentro de tu pecho, adueñándose de la confianza que construimos durante tanto tiempo y de la nada dejamos que cayera, cuando te marchaste aquella noche donde una tormenta se apoderó de mi sueño, aquella noche fría donde no te importó todo el dolor que sentía, aún suenan tus palabras de despedida porque se han tatuado en cada espacio de mi cuerpo. Y te recuerdo todavía, a cada segundo de mis días llenos de soledad, pero sabes...

Prefiero recordar y llevarme los buenos momentos que me alimentaron el alma y no lo que me acuchillaba y hacía sangrar, prefiero recordarte entre el día y la noche.
Prefiero recordarte cuando veo la luna y no estás para bailar bajo la noche estrellada.
Prefiero recordarte cuando veo el atardecer y no estás para ver el brillo de tus ojos marrones.
Prefiero recordarte en las tardes de lluvia y ya no estás para decirme que no decaiga, que lo voy a lograr.
Prefiero recordarte en cada momento de mi vida cuando tu compañía se volvía más fuerte y tus caricias más frecuentes.
Prefiero recordarte cuando tenga miedo en la oscuridad y no estás para calmar esos temores.

Prefiero recordarte siendo felices tomados de la mano jugando con nuestros sueños, imaginando una vida llena de logros.

Prefiero recordarte en tu ausencia, olvidando los capítulos que me han hecho sangrar, las heridas que aún no logro suturar y agradecerte por todos los momentos que me alimentaron.

Prefiero eso...
Prefiero recordarte y no que estés a mi lado dañándome.
Prefiero eso...
Prefiero ser feliz, aunque no sea contigo.

"Sanando Heridas: Mientras Despido tus recuerdos" me hizo sumergir en cada palabra, las hice tan mías que me ayudó a desprender cada recuerdo, cada ausencia que me mata, agradeciendo por todo lo que fuimos y por todo lo que ya no somos, me ayudó a sanarme de aquel amor que dejó una inmensa huella en mí.

Fátima Salinas Ledezma / @suspirosenverso5
Santiago de Querétaro. México.
03 de mayo de 2022

AGRADECIMIENTOS

A mis padres siempre, por el apoyo brindado y porque jamás abandonaron mis sueños.

A mis amigos y amigas que me acompañaron en el camino de la vida, por todo lo que me enseñaron y transmitieron.

A mi mejor amigo de cuatro patas que se encuentra en un mejor mundo, por demostrarme la lealtad hasta en su último suspiro.

A Ricardo Enríquez por su valioso trabajo en ilustrar las portadas y el interior de Sanando Heridas, admirando siempre su arte.

A mi compañera y hermana de letras Darling Salas, por aceptar formar parte de este sueño en sus dos Prólogos que cautivaron el inicio.

A mi eterna compañera de vida Fátima Salinas, por dar inicio en este mundo de las letras con su talento plasmado en los Epílogos que brindan el final perfecto.

A las heridas siempre, por llenarme de experiencias y sueños frustrados que de a poco están resurgiendo para convertirse en realidad.

Y a ti, querido lector, que sin tu apoyo nada de esto sería posible, gracias por estar siempre.

Gracias por tanto.

12 MANERAS DE AMAR(TE)

"Amar, en su máxima expresión, de todas las formas y maneras en las que tu recuerdo me revive. No suelo preguntarle al mundo lo mucho que me cuestas, pero salgo en busca del amor en cada pendiente, en cada instante, en cada estación".

En la vida siempre logras cruzarte con varios tipos de amores, 12 son suficientes para conocer cada etapa de la vida y cumplir con el destino. Los recuerdos se encuentran perdidos en el olvido y la incondicional espera para volver a ser recordada.

¡Vivamos la aventura!

12 MANERAS DE AMAR(TE)

Jairo Guerrero

Nueva Edición

ELLA, CON ENCANTOS DE SIRENA

"Ella, con encantos de Sirena" es un portal hacia la superación, recordando lo pasado, el presente y lo que está por venir, vas a adentrarte en la vida de Sirena, la Incondicional está al descubierto.

Tan misteriosa, como aquel regalo que con tantas ansias quieres abrir para ver su contenido, conocerás sus debilidades y cada una de sus perfectas imperfecciones.

Tan soñadora, como esos deseos que parecen imposibles, cuando el amor volvió a tocar su puerta, los días en los que se sintió amada y cuando aquellas mariposas en el estómago revivieron.

Tan encantadora, saliendo de las ruinas y amándose como ninguna, superando todas las decepciones que llegaron después del fracaso.

Tan inolvidable, como esos libros que no te cansas de leer, que cuando te sientes triste y sin ánimos, lo vuelves a tomar para revivir el amor propio que debes llevar siempre.

Vas a sumergirte entre sus lágrimas, luchando contra el dolor, el difícil proceso del olvido, hasta llegar a sentirte entre sus brazos, sintiendo su alma y sin darte cuenta, estar en el mar de los cielos, nadando a su lado... Entre sirenas.

Continuemos el sueño, porque los viajes por el espacio y el tiempo, apenas comienzan.

¿Te atreves a vivirlo?

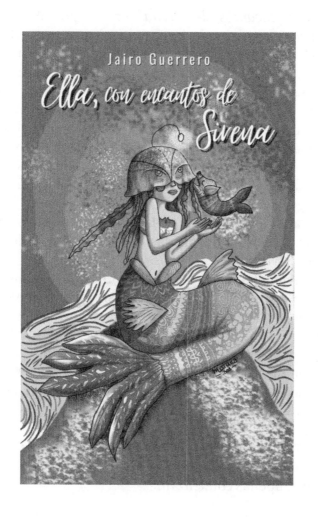

Jairo Guerrero

Ella, con encantos de
Sirena

SANANDO HERIDAS:
MIENTRAS ROMPO EN LLANTO

Todo el mundo dice que es fácil olvidar, que es tan sencillo soltar, pero se equivocan, porque cuando se quiere de verdad decir adiós cuesta bastante. Siempre que se intenta se vuelve a lo mismo, "recordar lo felices que alguna vez fuimos".

Sientes que la vida se acaba, que te has quedado siendo solo un esqueleto que deambula por las calles lleno de heridas.

"Sanando Heridas Mientras Rompo en Llanto" es un libro para todo aquel que se encuentra en el proceso, después de recibir una despedida o experimentar las decepciones. Vas a adentrarte en el mundo de la resiliencia, encontrarte contigo mismo, con un toque nostálgico que de a poco te irá sanando, pero también te estará rompiendo en llanto.

Un libro sin géneros, libre de desnudar cada página para hacerte sentir cada vez menos roto, con cada verso ir buscando el respiro y encontrar las puertas de aquel laberinto del que no puedes salir.

¿Te arriesgas a vivirlo?

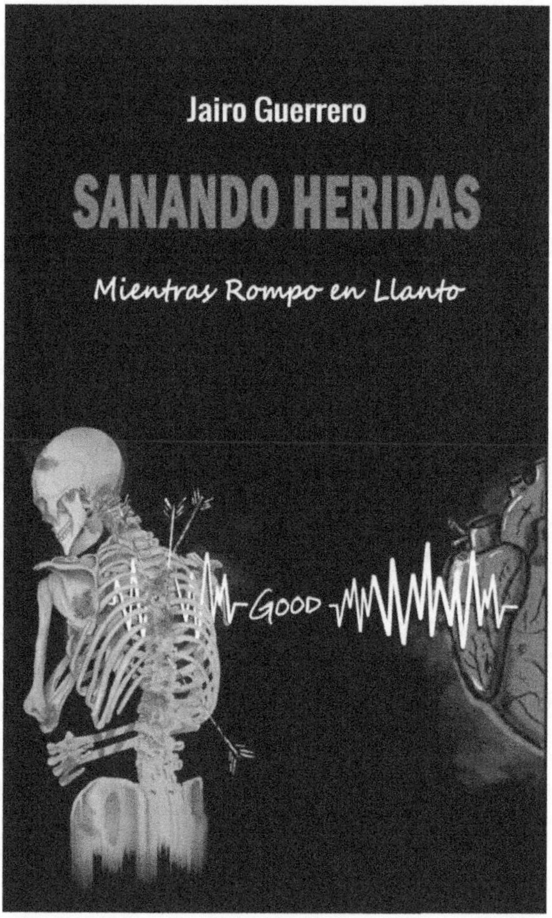
Jairo Guerrero
SANANDO HERIDAS
Mientras Rompo en Llanto
Good

BIOGRAFÍA DEL AUTOR:

Jairo Rogelio Carrera Guerrero
(Huautla de Jiménez, Oaxaca, México. Agosto de 1996)
Ingeniero en Mecatrónica, autor de los libros: "12
Maneras de Amar(te)" (Alcorce Ediciones 2020), "Ella, con
encantos de Sirena" (Shikoba Ediciones 2021),
"SANANDO HERIDAS: Mientras Rompo en Llanto" y
"SANANDO HERIDAS: Mientras Despido tus Recuerdos".
Coautor de: "Tierra de Latidos: Antología de nueva poesía
Latinoamericana" (Alcorce Ediciones 2021).
Sus textos siguen recorriendo el mundo generando un
gran impacto a través de redes sociales mientras sigue
trabajando en sus próximos proyectos.
Es autor independiente, sin embargo, sus libros también
han sido publicados por editoriales de gran prestigio
abarcando las bibliotecas más importantes del mundo.

ÍNDICE

Made in the USA
Las Vegas, NV
26 December 2024